Impressum
Verlag: BABADADA GmbH, Nedderfeld 112 , 22529 Hamburg
Geschäftsführer / Verlagsleitung: Harald Hof
Druck: Books on Demand GmbH, In de Tarpen 42, 22848 Norderstedt

Imprint
Publisher: BABADADA GmbH, Nedderfeld 112 , 22529 Hamburg, Germany
Managing Director / Publishing direction: Harald Hof
Print: Books on Demand GmbH, In de Tarpen 42, 22848 Norderstedt, Germany

مکتب

школа

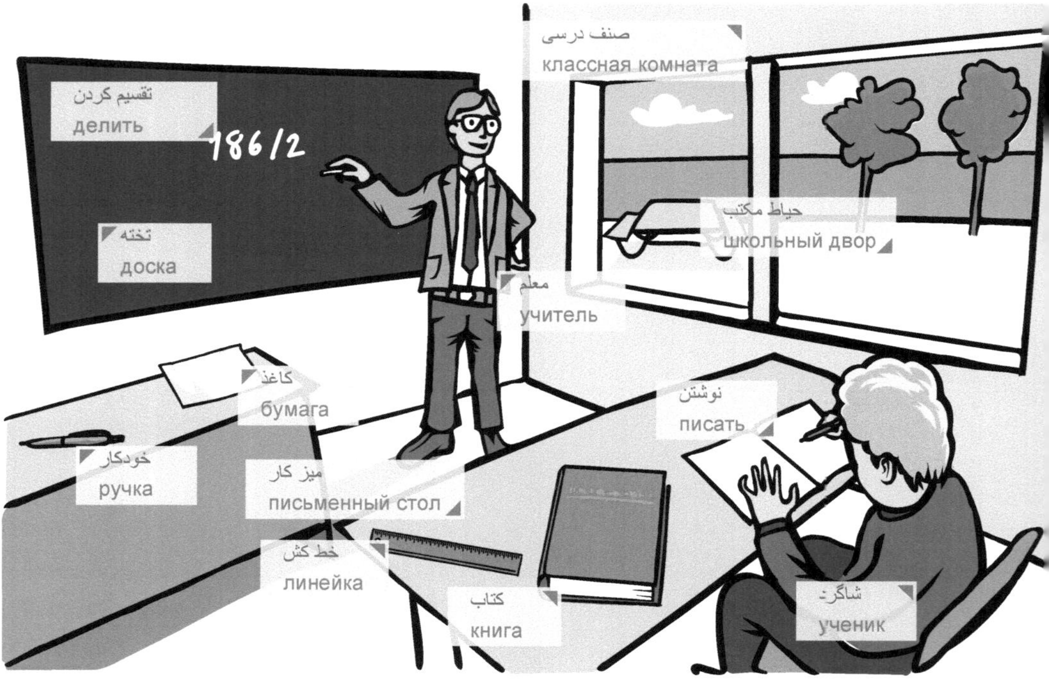

صنف درسی
классная комната
تقسیم کردن
делить
186/2
تخته
доска
حیاط مکتب
школьный двор
معلم
учитель
کاغذ
бумага
نوشتن
писать
خودکار
ручка
میز کار
письменный стол
خط کش
линейка
کتاب
книга
شاگرد
ученик

بیگ مکتب

ранец

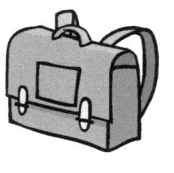

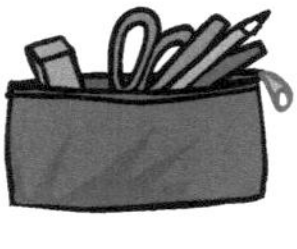

قلم دانی

пенал

پنسل

карандаш

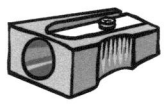

پنسل تراش

точилка

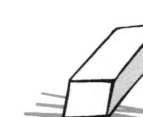

پنسل پاک

ластик

کتابچه رسم

альбом для рисования

نقاشی

рисунок

برس رنگ زنی

кисточка

بکسک رنگه

коробка красок

قیچی

ножницы

سریش

клей

کتاب تمرین

тетрадь

کار خانگی

домашняя работа

عدد

цифра

جمع کردن

прибавлять

تفریق کردن

вычитать

ضرب کردن

умножать

حساب کردن

считать

حرف

буква

الفبا

алфавит

کلمه

слово

متن

....

текст

خواندن

....

читать

تباشير

....

мел

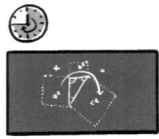

درس

....

урок

ثبت نام

....

классный журнал

امتحان

....

экзамен

تصديقنامه

....

диплом

يونيفورم مكتب

....

школьная форма

تحصيل

....

образование

دانشنامه

....

энциклопедия

پوهنتون

....

университет

مايكروسكوپ

....

микроскоп

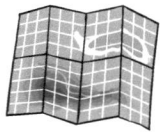

نقشه

....

карта

سبد كاغذ باطله

....

корзина для бумаг

سفر

путешествие

هوتل
لیلیه
турбаза
دفتر صرافی
пункт обмена валюты
بیگ سفری
чемодан
موتر
автомобиль

زبان

язык

بلی / نخیر

да / нет

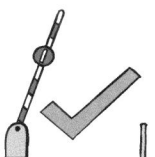

بسیار خوب

хорошо

سلام

Привет

مترجم

переводчик

تشکر از شما

Спасибо

قیمتش چقدر است؟

Сколько стоит…?

نمی فهمم

Я не понимаю

مشکل

проблема

عصر بخیر! / شب بخیر!

Добрый вечер!

صبح بخیر!

Доброе утро!

شب بخیر!

Доброй ночи!

خداحافظ

До свидания

مسیر

направление

بار مسافر

багаж

بیگ

сумка

بیگ پشتکی

рюкзак

مهمان

гость

اطاق

комната

بستره خواب سیار

спальный мешок

خیمه

палатка

معلومات توریستی

туристическая
информация

ساحل

пляж

کریدیت کارت

кредитная карточка

صبحانه

завтрак

طعام چاشت

обед

غذای شام

ужин

تکت

билет

لفت

лифт

مهر

почтовая марка

مرز

граница

گمرک

таможня

سفارتخانه

посольство

ویزه

виза

پاسپورت

паспорт

حمل و نقل

транспорт

طیاره
самолёт
کشتی
корабль
موتر اطفاییه
пожарный автомобиль
بس
автобус
لاری
грузовик
قایق موتوری
моторная лодка
بایسکل
велосипед
موتر
автомобиль

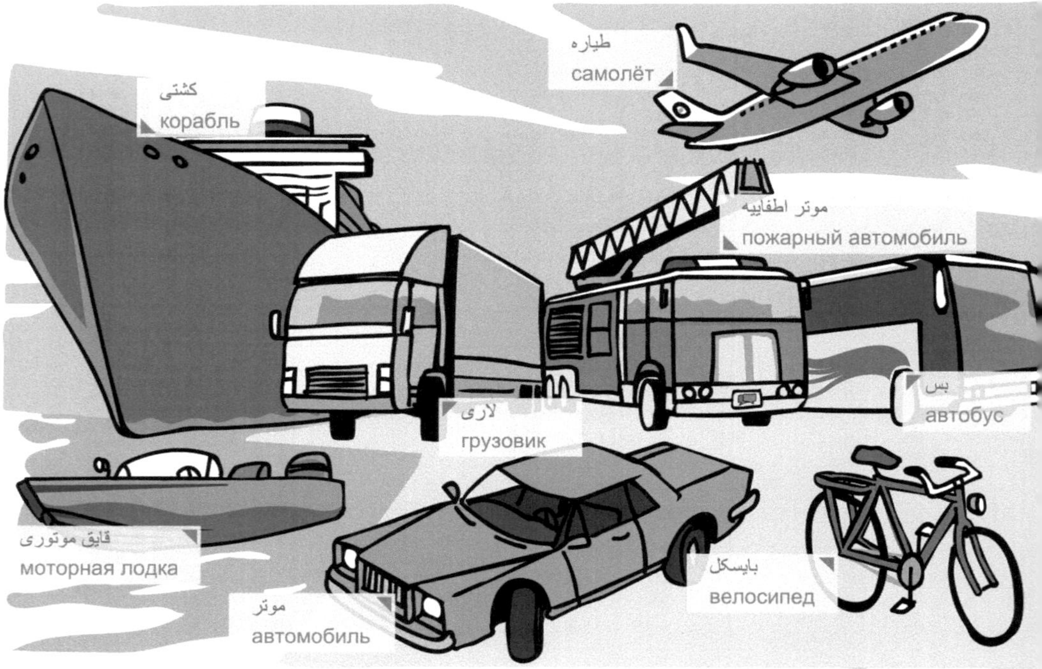

کشتی

паром

قایق

лодка

موترسایکل

мотоцикл

موتر پولیس

полицейский автомобиль

موتر مسابقه

гоночный автомобиль

موتر کرایی

арендованный автомобиль

اشتراک وسایط
....
овместное пользование
автомобилями

جرثقیل
....
буксировочный
автомобиль

موتر حمل زباله
....
мусоровоз

موتور
....
двигатель

تیل
....
топливо

تانک تیل
....
заправка

علامت ترافیکی
....
дорожный знак

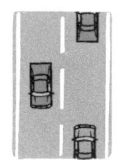

عبور و مرور
....
движение

راهبندان
....
пробка

پارک وسایط
....
автостоянка

ایستگاه ریل
....
вокзал

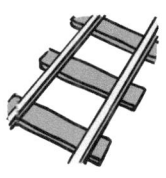

خط ریل
....
рельсы

ریل
....
поезд

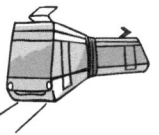

ریل برقی
....
трамвай

واگن
....
вагон

هلیکوپتر

вертолёт

میدان هوایی

аэропорт

برج

вышка

مسافر

пассажир

کانتینر

контейнер

کارتن

коробка

گادی

тележка

سبد

корзина

پرواز کردن / فرود آمدن

взлетать / приземляться

شهر

город

قریه

деревня

تیاتر شهر

центр города

خانه

дом

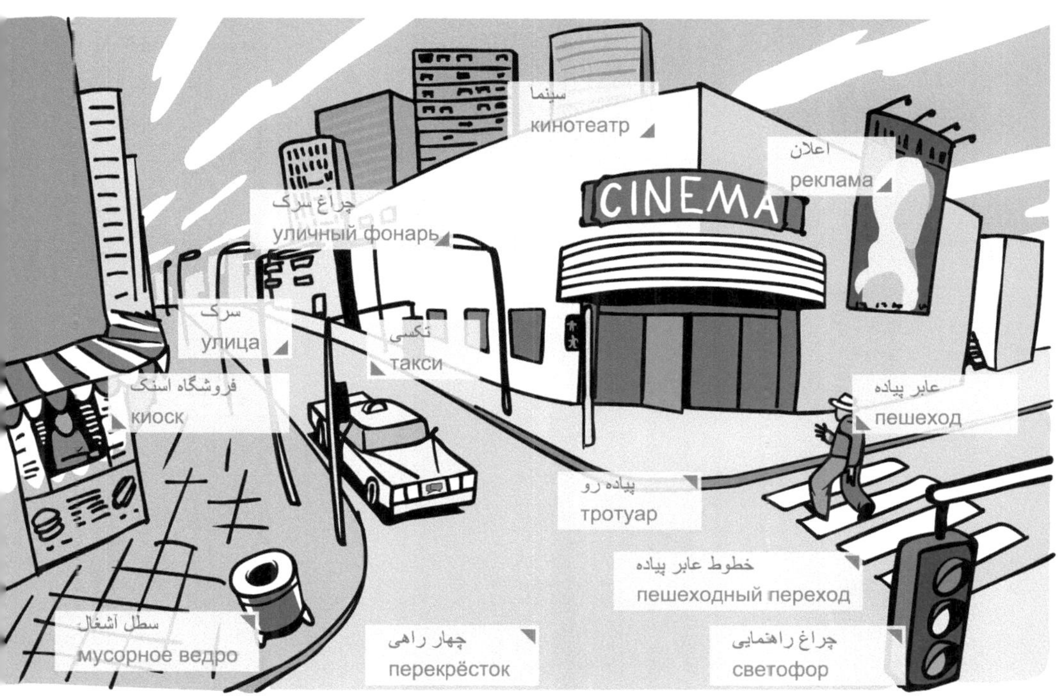

سینما
кинотеатр

اعلان
реклама

چراغ سرک
уличный фонарь

سرک
улица

تکسی
такси

فروشگاه استک
киоск

عابر پیاده
пешеход

پیاده رو
тротуар

خطوط عابر پیاده
пешеходный переход

سطل آشغال
мусорное ведро

چهار راهی
перекрёсток

چراغ راهنمایی
светофор

كلبه
хижина

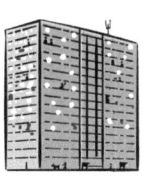

آپارتمان
квартира

ایستگاه ریل
вокзал

تالار شهر
ратуша

موزیم
музей

مكتب
школа

پوهنتون

университет

بانک

банк

شفاخانه

больница

هوتل

гостиница

دواخانه

аптека

دفتر

офис

کتابفروشی

книжный магазин

مغازه

магазин

گل فروشی

цветочный магазин

سوپر مارکیت

супермаркет

فروشگاه

рынок

فروشگاه

универмаг

ماهی فروشی

торговец рыбой

مرکز خرید

торговый центр

بندر

порт

پارک

парк

دراز چوکی

скамейка

پل

мост

زینه ها

лестница

مترو

метро

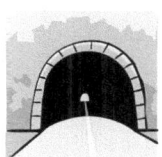

تونل

тоннель

ایستگاه بس

автобусная остановка

میخانه

бар

رستورانت

ресторан

صندوق پست

почтовый ящик

علامت سرک

табличка с названием улицы

ماشین پارکو متر

паркометр

باغ وحش

зоопарк

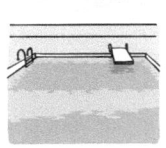

حوض آببازی

бассейн

مسجد

мечеть

مزرعه

ферма

آلوده گی

загрязнение окружающей среды

قبرستان

кладбище

کلیسا

церковь

میدان بازی

детская площадка

معبد

храм

چشم انداز

ландшафт

برگ / лист

لوحه / дорожный указатель

راه / дорога

علفزار / луг

سنگ / камень

درخت / дерево

کوهنورد / путешественник

دریا / река

علف / трава

گل / цветок

دره

долина

تپه

гора

دریاچه

озеро

جنگل

лес

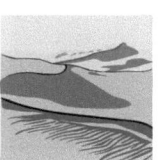

صحرا

пустыня

آتشفشان

вулкан

قلعه

замок

رنگین کمان

радуга

سمارق

гриб

درخت آلو

пальма

پشه

комар

مگس

муха

مورچه

муравей

زنبور

пчела

عنکبوت

паук

قانغوزک

жук

بقه

лягушка

موش خرما

белка

خارپشت

еж

خرگوش صحرایی

заяц

بوم

сова

پرنده

птица

مرغابی

лебедь

خوک وحشی

кабан

گوزن

олень

گوزن شمالی

лось

بند آب

плотина

توربین بادی

ветряной генератор

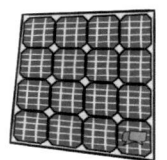

صفحه خورشیدی

солнечная батарея

آب و هوا

климат

رستوران

ресторан

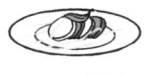

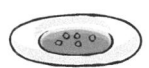

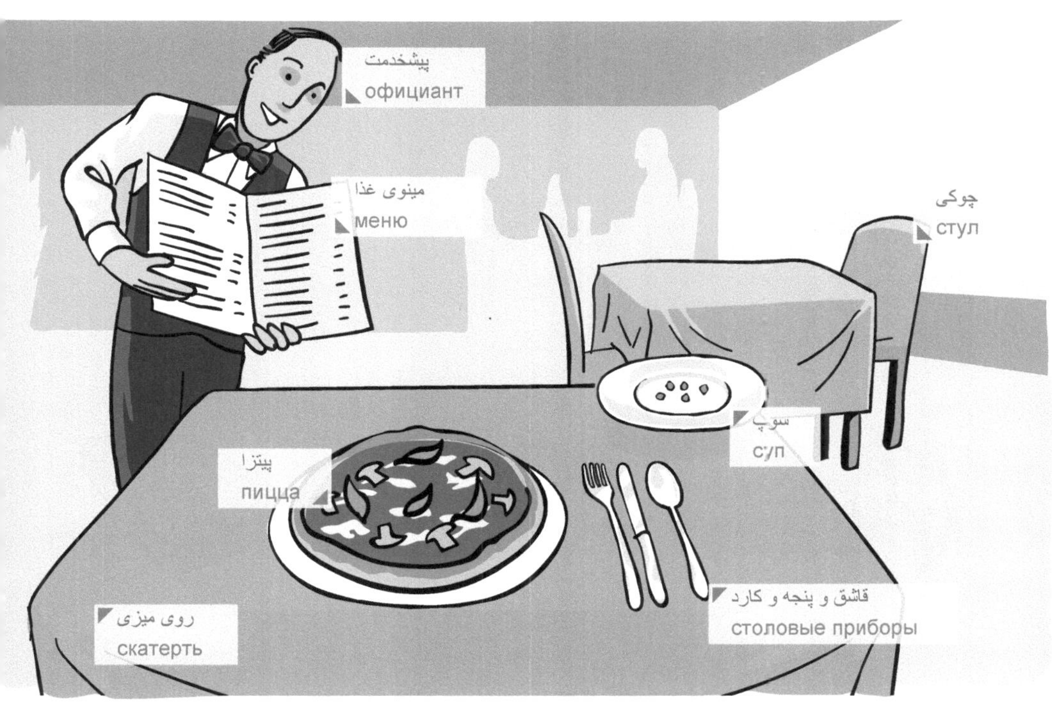

پیشخدمت
официант
مینوی غذا
меню
چوکی
стул
سوپ
суп
پیتزا
пицца
قاشق و پنجه و کارد
столовые приборы
روی میزی
скатерть

پیش غذا

закуска

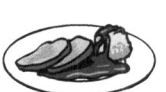

غذای اصلی

главное блюдо

شرینی

десерт

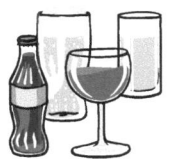

نوشیدنی ها

напитки

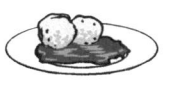

غذا

еда

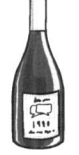

بوتل

бутылка

فاست فود

фастфуд

غذای کنار سرک

уличная еда

چاینک/ترموز

чайник

قندانی

сахарница

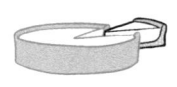

بخش غذا

порция

دستگاه اسپرسو

кофеварка

چوکی بلند

детский стульчик

بل

счет

پطنوس

поднос

چاقو

нож

پنجه

вилка

قاشق

ложка

قاشق چای خوری

чайная ложка

دستپاک دسترخوان یا میز

салфетка

گیلاس

стакан

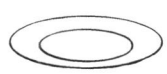

بشقاب

....

тарелка

بشقاب سوپ

....

суповая тарелка

نعلبکی

....

блюдце

چتنی

....

соус

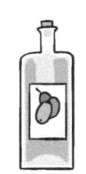

نمکدان

....

солонка

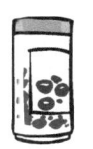

آسیاب مرچ

....

мельница для перца

سرکه

....

уксус

روغن خوراکی

....

масло

ادویه

....

специи

کچاپ

....

кетчуп

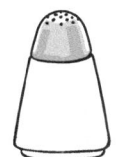

ساس خردل

....

горчица

مایونز

....

майонез

سوپر مارکیت

супермаркет

پیشنهاد خاص
специальное предложение
FOR
مشتری
покупатель
لبنیات
молочные продукты
میوه
фрукты
چرخ دستی
тележка для покупок

BUTCHERS

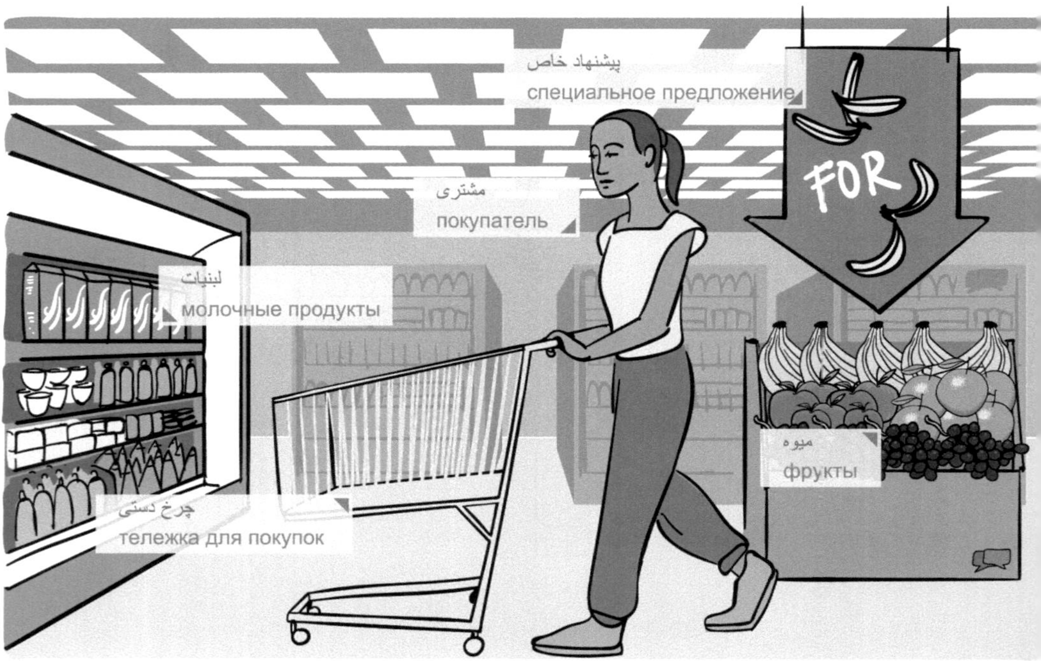

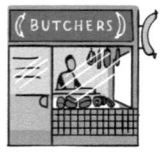

قصابی

мясной магазин

BAKERY

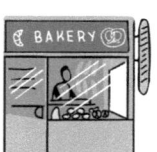

نانوایی

пекарня

وزن کردن

взвешивать

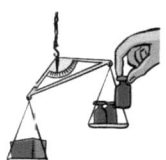

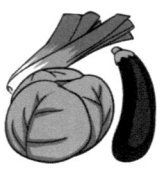

سبزیجات

овощи

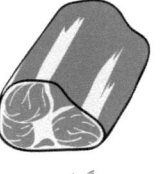

گوشت

мясо

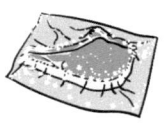

غذای منجمد

быстрозамороженные продукты

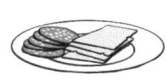

غذای سرد

нарезка

غذای کنسر شده

консервы

پودر رختشویی

стиральный порошок

شیرینی

сладости

لوازم خانگی

предмет домашнего обихода

محصولات پاک کننده

моющее средство

فروشنده

продавщица

دخل پیسه

касса

صندوقدار

кассир

لست خرید

список покупок

ساعات کاری

время работы

بکسک جیبی

бумажник

کریدیت کارت

кредитная карточка

بیگ

сумка

بیگ پلاستیکی

полиэтиленовый пакет

نوشیدنی ها

напитки

آب

вода

جوس

сок

شیر

молоко

نوشابه

кока-кола

شراب

вино

بیر

пиво

الکول

алкоголь

ککو

какао

چای

чай

قهوه

кофе

اسپرسو

эспрессо

کاپوچینو

капучино

غذا

еда

کیله

банан

سیب

яблоко

مالته

апельсин

تربوز

арбуз

لیمو

лимон

زردگ

морковь

سیر

чеснок

چوب خیزران

бамбук

پیاز

лук

سمارق

гриб

مغزیات

орехи

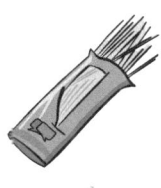

آش

лапша

مکرونی

спагетти

برنج

рис

سلاد

салат

چیپس

картофель фри

کچالو سرخ کرده

жареный картофель

پیتزا

пицца

همبرگر

гамбургер

ساندویچ

сэндвич

کتلت

шницель

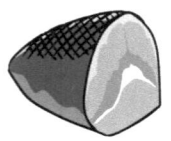

همبرگر

ветчина

سالامی

салями

ساسج

колбаса

مرغ

курица

کباب

жаркое

ماهی

рыба

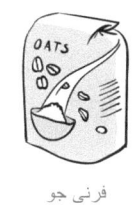

فرنی جو

овсяные хлопья

صبحانه رژیمی

мюсли

کورن فلکس

кукурузные хлопья

آرد

мука

کروسانت

круассан

قرص نان

булочка

نان خشک

хлеб

توست / نان بریان

тост

بیسکیت

печенье

مسکه

масло

چکه

творог

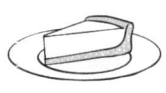

کیک

пирог

تخم مرغ

яйцо

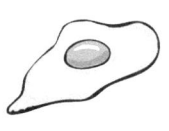

تخم مرغ سرخ شده

яичница

پنیر

сыр

آيسكريم

мороженое

شكر

сахар

عسل

мёд

مربا

мармелад

مسكه چاكليت

крем с нугой

زردچوبه هندى

карри

مزرعه

ферма

крестьянский дом
گودام غله
сарай
خرمن گاه
тюк из соломы
زمین زراعتی
поле
اسب
лошадь
تریلر
прицеп
تراکتور
трактор
کره اسب
жеребёнок
خر
осёл
گوسفند
овца
بره
ягнёнок

بز
....
коза

گاو
....
корова

گوساله
....
телёнок

خوک
....
свинья

خوکچه
....
поросёнок

گاو نر
....
бык

قاز

гусь

مرغابی

утка

چوچه مرغ

цыплёнок

مرغ

курица

خروس

петух

موش صحرایی

крыса

پیشک

кошка

موش

мышь

گاومیش

вол

سگ

собака

خانه سگ

конура

خانه باغ

садовый шланг

آبپاش

лейка

داس

коса

قولبه کردن

плуг

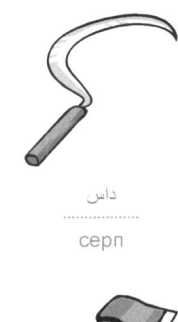

داس

серп

كج بيل

мотыга

چنگال باغبانی

навозные вилы

تبر

топор

كراچی

тачка

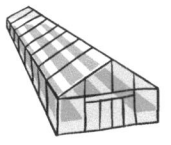

تغار

корыто

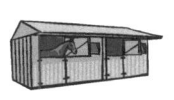

قوطی شیر

бидон для молока

بوجی

мешок

دیوار مرزی از چوب یا سیم خار دار

забор

پایدار

хлев

گلخانه

теплица

خاک

почва

تخم

посев

كود

удобрение

ماشین درو وخرمنکوبی

комбайн

درو کردن

собирать урожай

درو

урожай

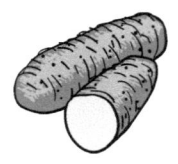

کچالو شرین

ямс

گندم

пшеница

سویا

соя

کچالو

картофель

جواری

кукуруза

کلزا

рапс

درخت میوه

фруктовое дерево

مانیوک

маниок

غلات و حبوبات

злаки

خانه

дом

دودکش
дымоход
پشت بام
крыша
آب رو
водосточный желоб
کلکین
окно
گراج
гараж
زنگ دروازه
звонок
دروازه
дверь
سطل زباله
мусорное ведро
صندوق نامه
почтовый ящик
باغچه
сад

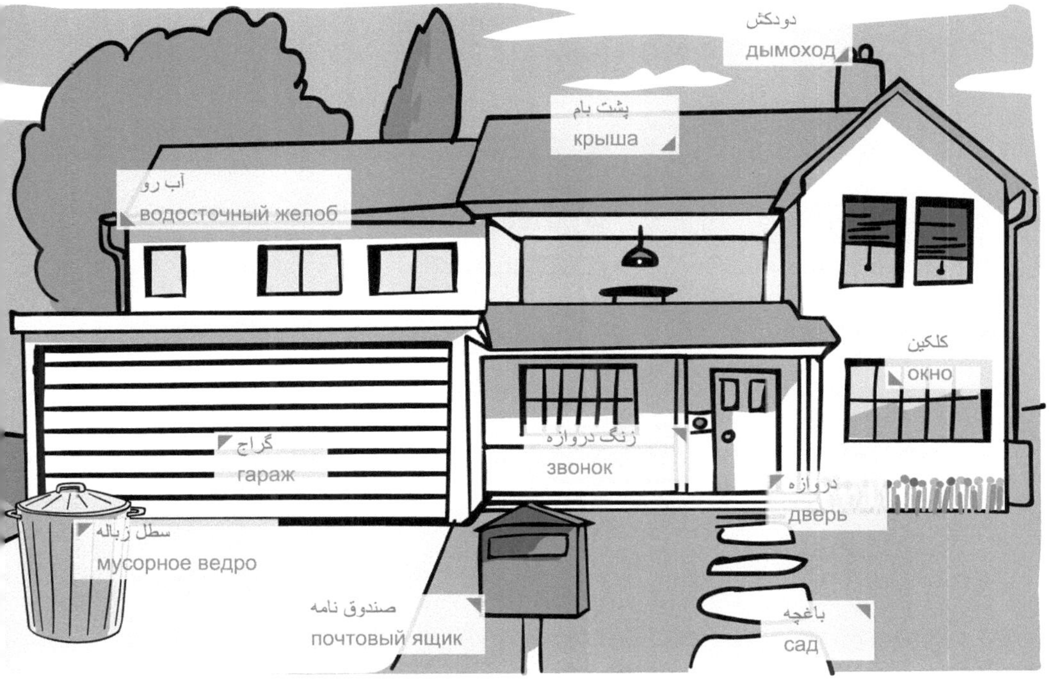

اطاق نشیمن

гостиная

حمام / دستشویی

ванная комната

آشپزخانه

кухня

اطاق خواب

спальня

اطاق اطفال

детская комната

اطاق پذیرایی

столовая

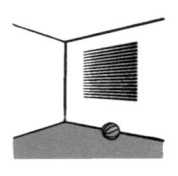

کف زمین

пол

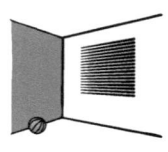

دیوار

стена

سقف

потолок

گودام زیر زمینی

подвал

سونا

сауна

بالکن

балкон

برنده / بالکن

терраса

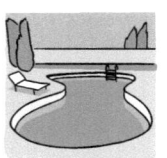

حوض

бассейн

ماشین درو کردن چمن

газонокосилка

ورق کاغذ

пододеяльник

روجایی

покрывало

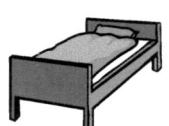

تختخواب

кровать

جارو

метла

سطل

ведро

سویچ

выключатель

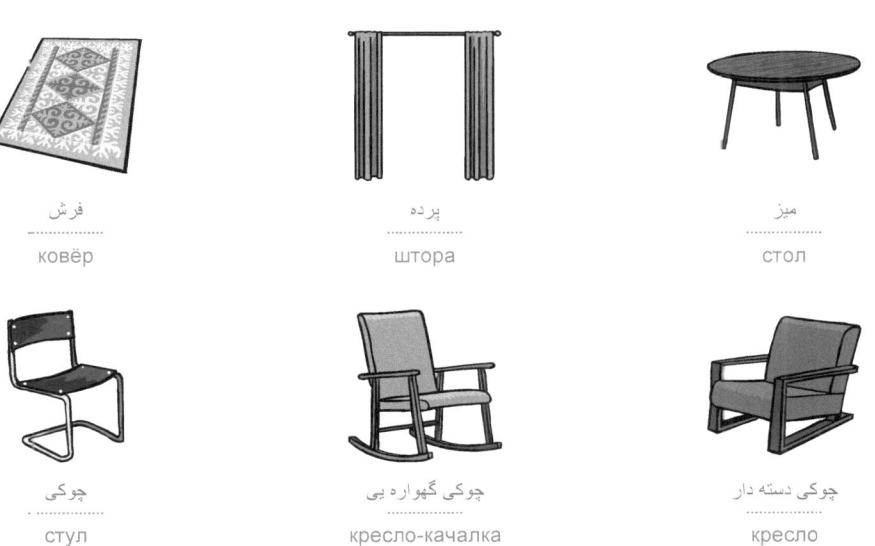

اطاق نشیمن

гостиная

کاغذ دیواری
обои
تصویر
рисунок
چراغ
قفسه
полка
کابینت
шкаф
تلویزیون
телевизор
بخاری دیواری
камин
گل
цветок
بالشت
подушка
کوچ
диван
گلدان
ваза
ریموت کنترول
пульт дистанционного управления

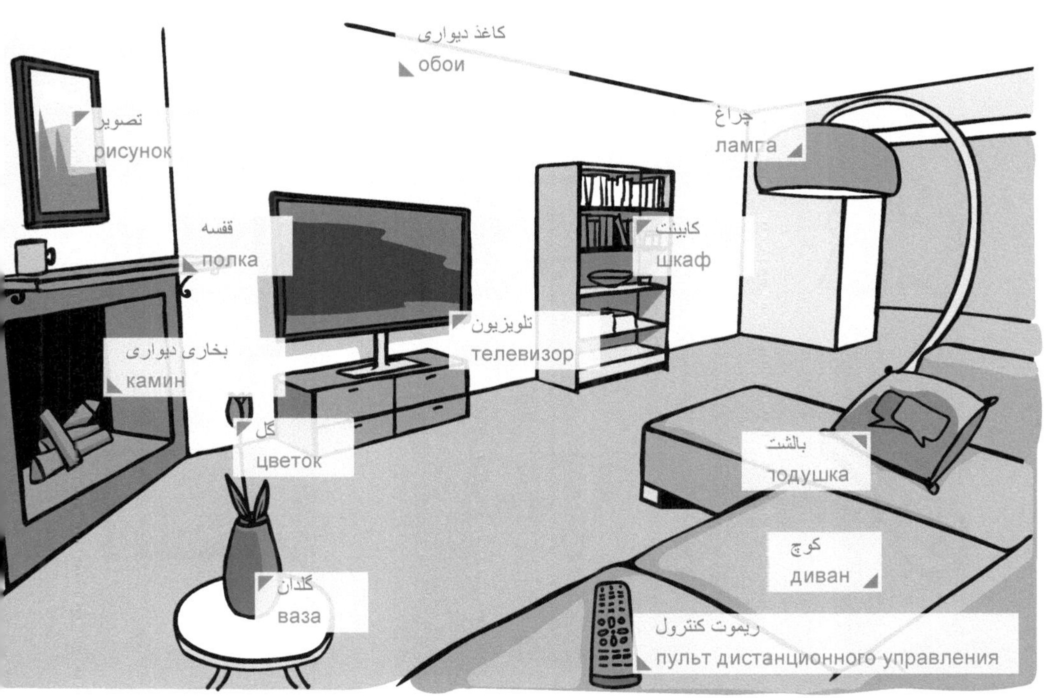

فرش

ковёр

پرده

штора

میز

стол

چوکی

стул

چوکی گهواره یی

кресло-качалка

چوکی دسته دار

кресло

کتاب

книга

کمپل

покрывало

دکوراسیون

украшение

هیزم

дрова

فلم

фильм

سیستم های فای

стереосистема

کلید

ключ

روزنامه

газета

تابلوی نقاشی

картина

پوستر

плакат

رادیو

радио

دفتر

блокнот

جاروبرقی

пылесос

کاکتوس

кактус

شمع

свеча

آشپزخانه
кухня

یخچال
холодильник
منقل مایکروویو
микроволновая печь
ترازوی آشپزخانه
кухонные весы
تستر
тостер
مواد شوینده
моющее средство
داش
духовка
یخ دانی
морсзилка
سطل زباله
мусорное ведро
ظرفشویی
посудомоечная машина

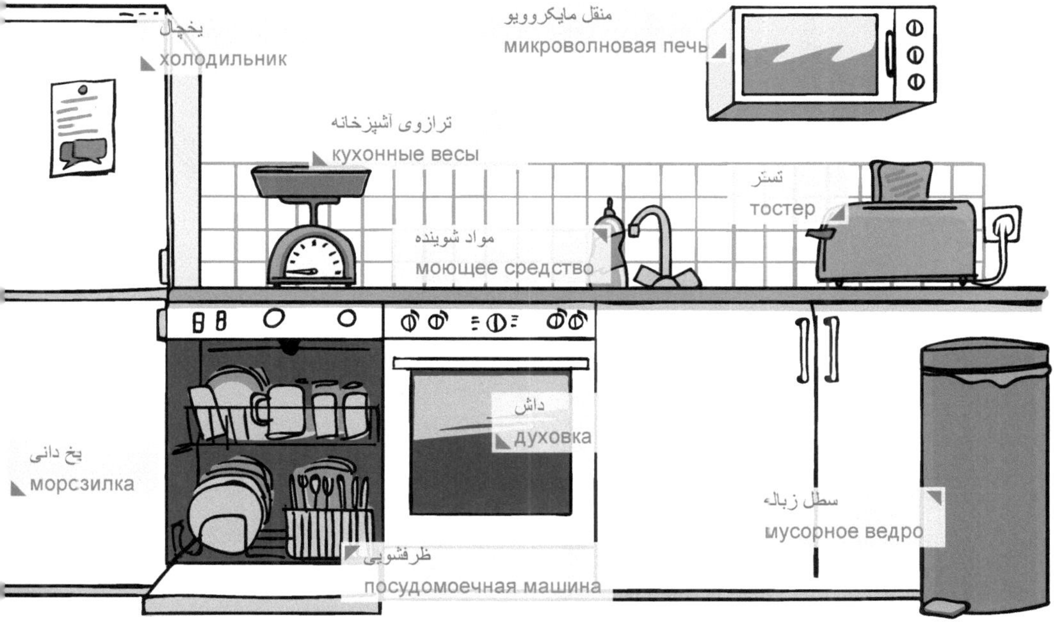

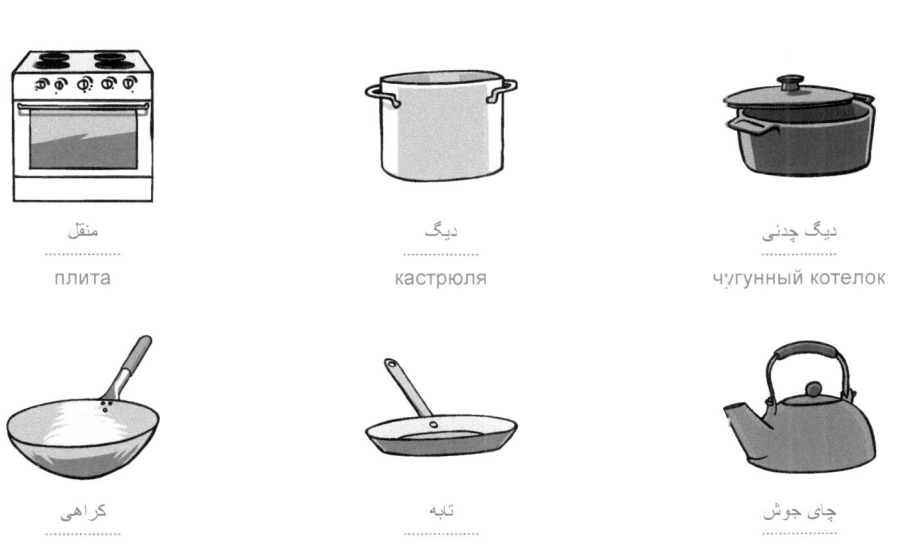

منقل

плита

دیگ

кастрюля

دیگ چدنی

чугунный котелок

کراهی

вок / кадай

تابه

сковорода

چای جوش

чайник

بخاریز	پطنوس طباخی	ظروف
пароварка	противень	посуда

پیاله کلان	کاسه	چاپستیک ها
кружка	миска	палочки для еды

ملاقه	کفگیر	مخلوط کننده
половник	лопатка	сбивалка

چلو صاف	غلبیل	رنده
сито	сито	тёрка

هاونگ	بار بیکیو	آتش باز
ступка	гриль	костёр

تخته برش

доска

آشگز

скалка

سر بازکن

штопор

قوطی

жестяная банка

سر باز کن

консервный нож

دستگیره تکه ای

прихватка

ظرف شویی

раковина

برس ظرف شویی

щетка

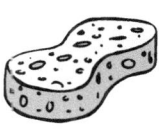

اسفنج

губка

مخلوط کن

миксер

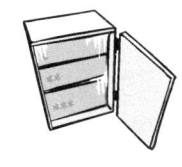

فریزر

морозильная камера

شیر چوشک اطفال

бутылочка для кормления

نل آب

кран

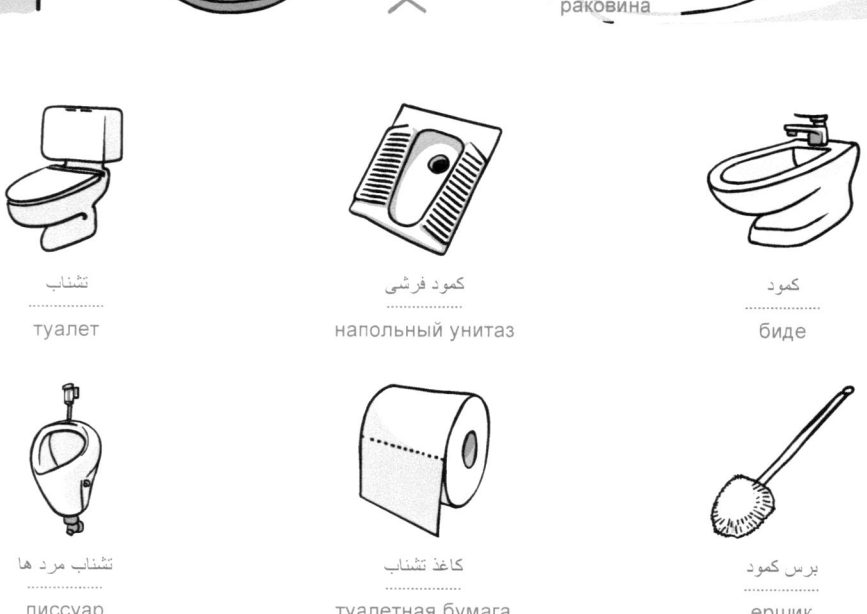

حمام / دستشویی

ванная комната

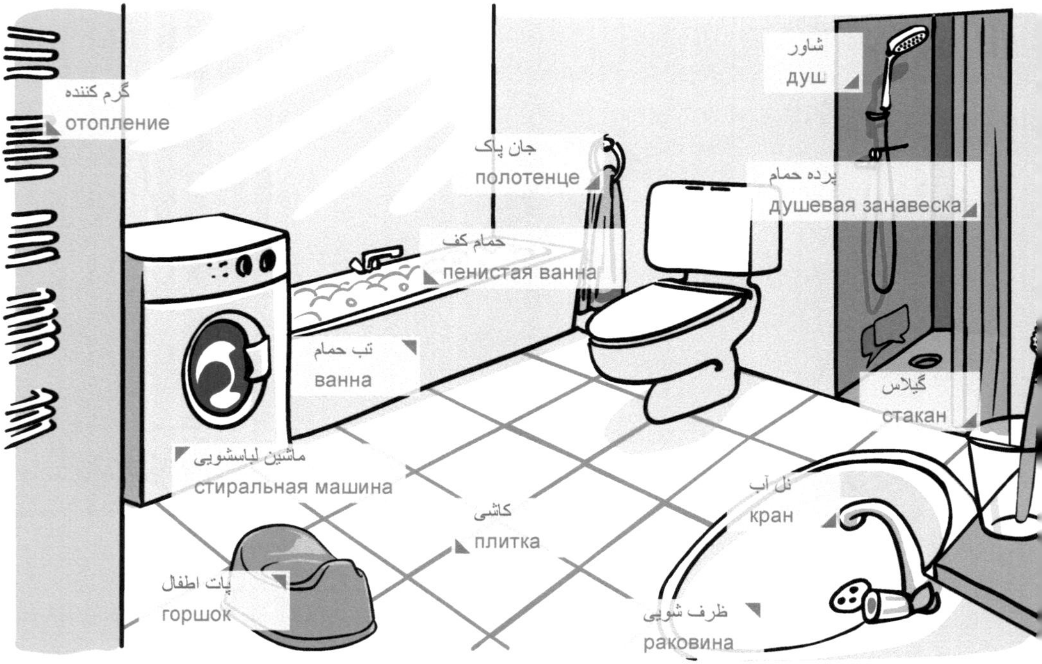

شاور
душ
گرم کننده
отопление
جان پاک
полотенце
پرده حمام
душевая занавеска
حمام کف
пенистая ванна
تب حمام
ванна
گیلاس
стакан
ماشین لباسشویی
стиральная машина
نل آب
кран
کاشی
плитка
پات اطفال
горшок
ظرف شویی
раковина

تشناب

туалет

کمود فرشی

напольный унитаз

کمود

биде

تشناب مرد ها

писсуар

کاغذ تشناب

туалетная бумага

برس کمود

ершик

برس دندان

зубная щетка

کریم دندان

зубная паста

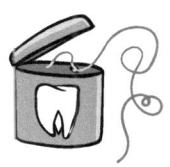

نخ دندان

зубная нить

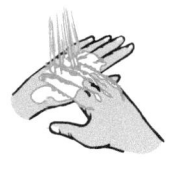

شستن

мыть

شاور دستی

ручной душ

شاور کمود

интимный душ

دستشویی

таз

برس پشت

щетка для спины

صابون

мыло

جل حمام

гель для душа

شامپو

шампунь

لیف

мочалка

آب رو

сток

کریم

крем

بوزدا

дезодорант

آینه
....
зеркало

آینه دستی
....
ручное зеркало

ریش تراش
....
бритва

کف ریش تراشی
....
пена для бритья

کلونیا
....
лосьон после бритья

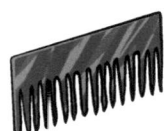

شانه موی
....
расческа

برس
....
щетка

سشوار
....
фен

اسپری مو
....
лак для волос

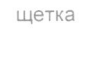

آرایش
....
косметика

لب سرین
....
губная помада

رنگ ناخن
....
лак для ногтей

پشم پنبه
....
вата

ناخن گیر
....
маникюрные ножницы

عطر
....
духи

کیسه شستشو

косметичка

چوکی چار پایه

табуретка

ترازوی وزن

весы

جان پاک

халат

دستکش پلاستیکی

резиновые перчатки

تامپون

тампон

کوتکس

гигиени-ческая прокладка

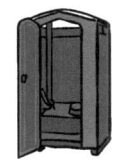

تشناب سیار

биотуалет

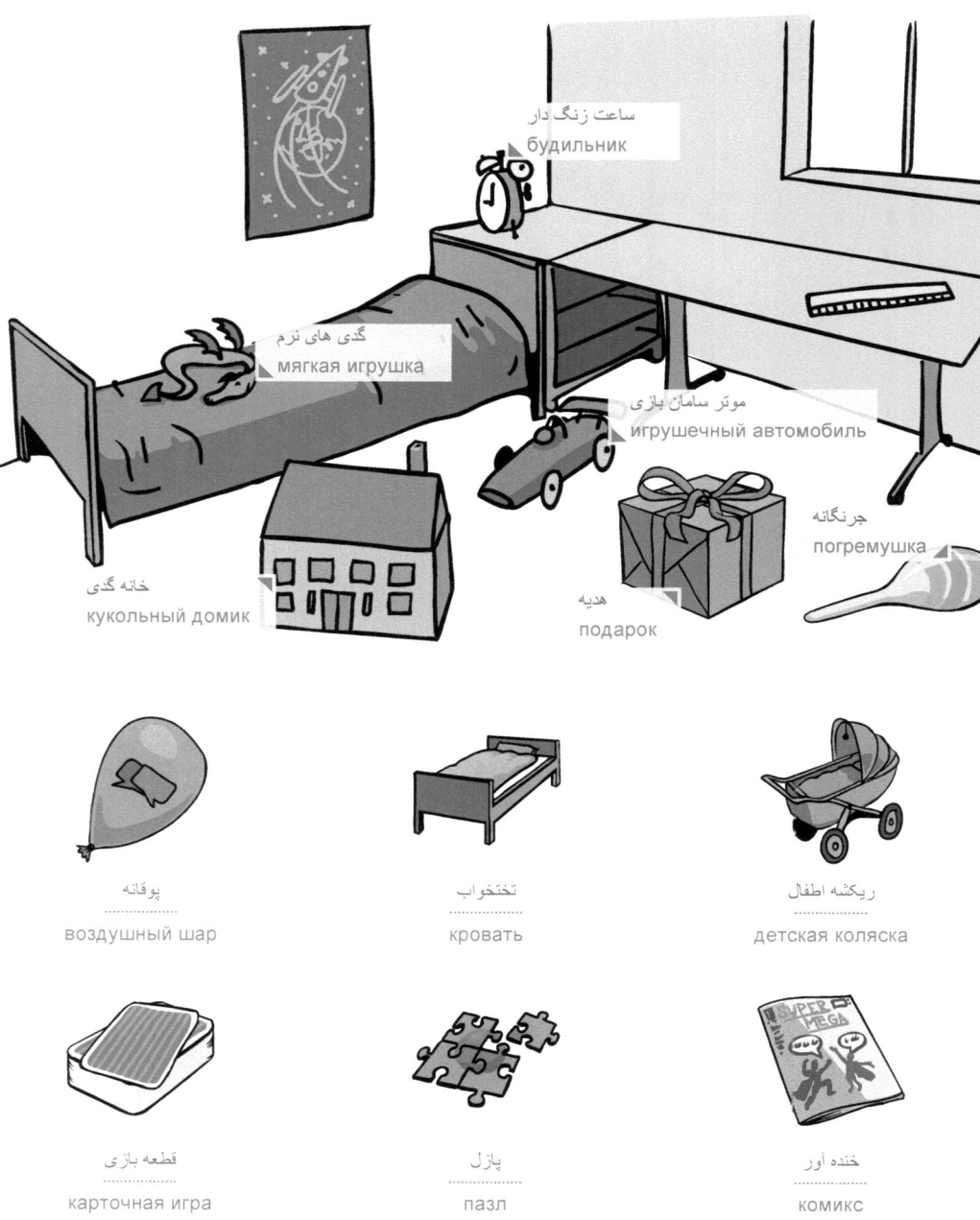

اطاق اطفال

детская комната

ساعت زنگ دار
будильник
گدی های نرم
мягкая игрушка
موتر سامان بازی
игрушечный автомобиль
جرنگانه
погремушка
خانه گدی
кукольный домик
هدیه
подарок

پوقانه

воздушный шар

تختخواب

кровать

ریکشه اطفال

детская коляска

قطعه بازی

карточная игра

پازل

пазл

خنده آور

комикс

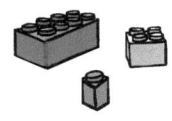

خشت های لگِ

كирпичики Лего

بلوک های سامان بازی

кубики

پچه فلم

игрушечная фигурка

لباس طفل

ползунки

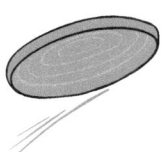

فریزبی

фрисби

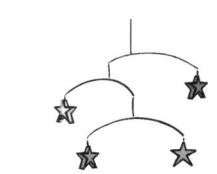

سامان بازی که روی تخت خواب اطفال
اویزان می شود

мобиле

بازی تخته یی

настольная игра

تاس

кубик

ریل اسباب بازی

модель железной дороги

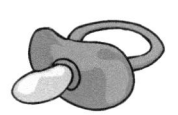

چوشک

соска

مهمانی

вечеринка

كتاب تصویری

книга с картинками

توپ

мяч

گدیگک

кукла

بازی کردن

играть

جعبه ریگ

песочница

گاز

качели

اسباب بازی

игрушка

کنسول بازی کمپیوتری

игровая приставка

سه چرخه

трёхколесный велосипед

خرس سامان بازی

плюшевый медвежонок

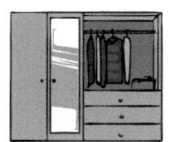

الماری لباس

шкаф для одежды

لباس

одежда

جوراب

носки

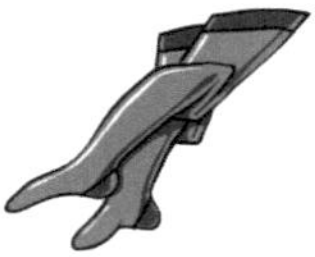

جوراب دراز

чулки

برجس

колготки

چادر سر
شارف

چتری
зонтик

بلوز
футболка

کمربند
ремень

بوت
сапоги

چپلک
тапки

کرمچ
кроссовки

چپلی
сандалии

بوت
ботинки

موزه پلاستیکی
резиновые сапоги

نیکر
трусы

واسکت زنانه
бюстгальтер

واسکت
майка

بدن

боди

برزو

брюки

پتلون کاوبای

джинсы

دامن

юбка

بلوز

блузка

پیراهن

рубашка

یالان

свитер

جاکت کلاه دار

свитер

جاکت

спортивная куртка

چمپر

жакет

کورتی

пальто

کوت بارانی

плащ

لباس مخصوص مراسم

костюм

پیراهن

платье

لباس عروسی

свадебное платье

دریشی

....

мужской костюм

لباس خواب

....

ночная сорочка

پاجامه

....

пижама

ساری

....

сари

چادر سر

....

платок

لنگی

....

тюрбан

چادری

....

паранджа

کفتان

....

кафтан

چادر

....

абайя

لباس آببازی

....

купальник

نیکر پاچه دار

....

плавки

پتلون نصفه

....

шорты

لباس ورزشی

....

спортивный костюм

پیش بند

....

фартук

دستکش

....

перчатки

دکمه

пуговица

عینک

очки

دستبند

браслет

گردن بند

цепочка

انگشتر

кольцо

گوشواره

серьга

کلاه پیک دار

шапка

کوت بند

вешалка

کلاه

шляпа

نیکتایی

галстук

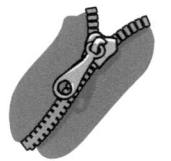

زیپ

застежка молния

کلاه مصون

шлем

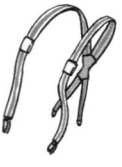

بند تنبان

подтяжки

یونیفورم مکتب

школьная форма

یونیفورم

форма

پیش بند

детский нагрудник

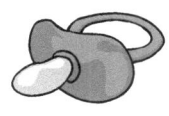

چوشک

соска

پمپر

подгузник

دفتر

офис

سرور
сервер
الماری اسناد
канцелярский шкаф
کاغذ
бумага
پرینتر
принтер
مانیتور
монитор
ماوس
мышь
میز کار
письменный стол
فولدر
папка
کیبورد
клавиатура
سبد کاغذ باطله
корзина для бумаг
کمپیوتر
компьютер
چوکی
стул

گیلاس قهوه

кофейная кружка

ماشین حساب

калькулятор

اینترنت

интернет

لپ تاپ

ноутбук

نامه

письмо

پیام

сообщение

موبایل

мобильный телефон

شبکه

сеть

ماشین فوتوکاپی

ксерокс

نرم افزار

программа

تلیفون

телефон

پلک

розетка

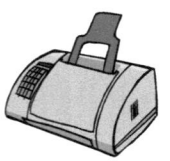

دستگاه فکس

факс

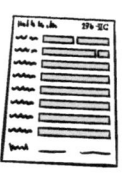

فورمه

формуляр

سند

документ

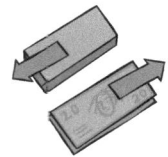

خريد كردن

покупать

پرداختن

платить

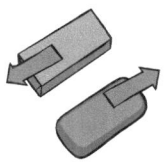

تجارت كردن

торговать

پول

деньги

دلار

доллар

يورو

евро

ين

иена

روبل

рубль

فرانک سوئيس

франк

يوان رنمينبى

жэньминьби юань

روپيه

рупия

خودپرداز

банкомат

دفتر صرافى

пункт обмена валюты

طلا

золото

نقره

серебро

نفت

нефть

انرژى

энергия

قیمت

цена

قرارداد

договор

ماليات

налог

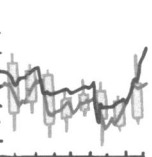

سهام

акция

كار كردن

работать

كارمند

служащий

استخدام كننده

работодатель

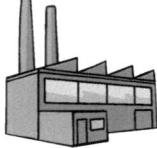

فابریکه

фабрика

مغازه

магазин

شغل ها

профессии

افسر پولیس
милиционер
آتش نشان
пожарный
آشپز
повар
داکتر
врач
پیلوت
пилот

باغبان

садовник

نجار

столяр

خیاط

швея

قاضی

судья

کیمیا دان

химик

بازیگر

актёр

راننده بس

водитель автобуса

راننده تكسی

таксист

ماهیگیر

рыбак

خدمه

уборщица

سقف ساز

кровельщик

پیشخدمت

официант

شكارچی

охотник

نقاش

художник

نانوا

пекарь

برقی

электрик

بنا

строитель

انجنیر

инженер

قصاب

мясник

نلدوان

сантехник

پستچی

почтальон

سرباز

солдат

معمار

архитектор

صندوقدار

кассир

گل فروش

флорист

آرایشگر

парикмахер

مامور تکت ریل

кондуктор

میخانیک

механик

کاپیتان

капитан

داکتر دندان

зубной врач

دانشمند

ученый

خاخام/ عالم یهودی

раввин

امام

имам

راهب

монах

ملا

священник

ابزار

инструменты

چکش
молоток
پلاس
плоскогубцы
پیچ کش
отвёртка
رینچ
гаечный ключ
چراغ دستی
карманный фо

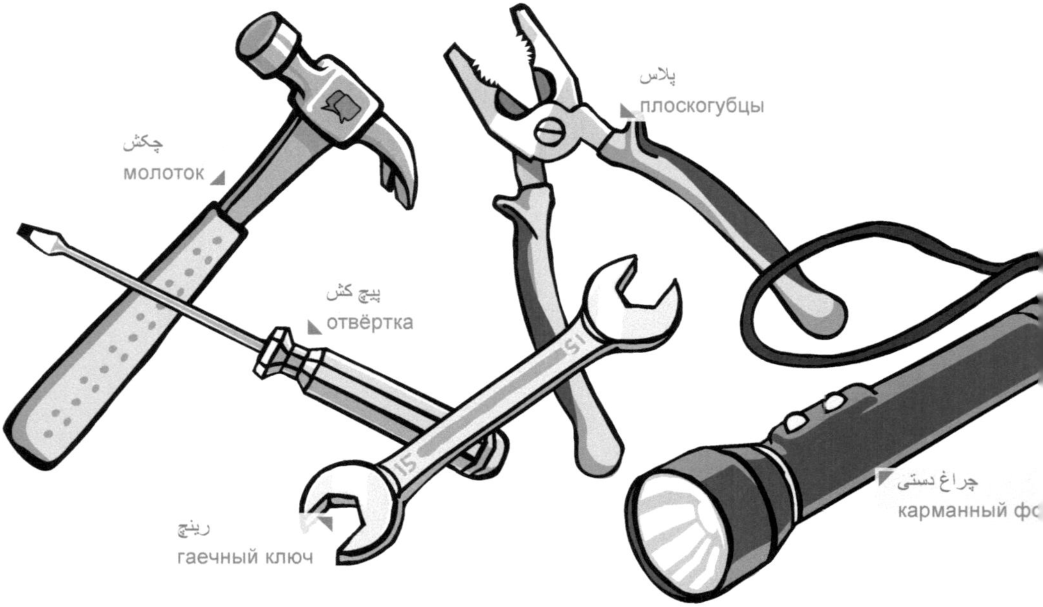

ماشین حفاری

экскаватор

جعبه ابزار

ящик для инструментов

زینه

стремянка

اره

пила

میخ

гвозди

برمه

дрель

ترمیم کردن

ремонтировать

بیل

лопата

لعنتی!

Блин!

خاکروبه

совок

سطل رنگ

ведро с краской

پیچ

винты

آلات موسیقی

музыкальные инструменты

بلندگو

грсмкоговоритель

درام کیت

ударный инструмент

گیتر

гитара

کنترباس

контрабас

ترومپت

труба

پیانو

пианино

وایلن

скрипка

گیتار بیس

бас-гитара

دهل

литавры

دول

барабан

پیانوی برقی

синтезатор

ساکسوفون

саксофон

توله

флейта

میکروفون

микрофон

باغ وحش

зоопарк

ورودی
вход
ببر
قفس
клетка
گوره خر
зебра
غذای حیوانات
корм
پاندا
панда

حیوانات

животные

فیل

слон

کانگورو

кенгуру

غژ گاو

носорог

گوریلا

горилла

خرس

медведь

شتر
....
верблюд

شترمرغ
....
страус

شیر
....
лев

میمون
....
обезьяна

فلامینگو
....
фламинго

طوطی
....
попугай

خرس قطبی
....
белый медведь

پنگوئن
....
пингвин

کوسه
....
акула

طاووس
....
павлин

مار
....
змея

تمسا
....
крокодил

نگهبان باغ وحش
....
служитель зоопарка

سگ آبی
....
тюлень

پلنگ خالدار امریکایی
....
ягуар

اسب کوچک

пони

پلنگ

леопард

اسب آبی

бегемот

زرافه

жираф

عقاب

орёл

خوک وحشی

кабан

ماهی

рыба

سنگ پشت

черепаха

شیر دریایی

морж

روباه

лиса

غزال

газель

ورزش ها

спорт

فوتبال امریکایی
американский футбол
بایسکل سواری
езда на велосипеде
تنیس
теннис
باسکتبال
баскетбол
آب بازی
плавание
بوکس
бокс
هاکی روی یخ
хоккей

فوتبال

футбол

بدمینتون

бадминтон

ورزشکاری

лёгкая атлетика

هندبال

гандбол

اسکی

лыжный спорт

پولو

поло

فعالیت ها

действия

خیز زدن
прыгать
بغل کردن
обнимать
خندیدن
смеяться
راه رفتن
идти
خواندن
петь
خواب دیدن
мечтать
دعا کردن
молиться
بوسیدن
целовать

نوشتن
писать

کشیدن
рисовать

نشان دادن
показывать

تیله کردن
нажимать

دادن
давать

گرفتن
брать

داشتن

иметь

انجام دادن

делать

بودن

быть

ایستادن

стоять

دویدن

бежать

کش کردن

тянуть

پرتاب کردن

бросать

افتادن

падать

دروغ گفتن

лежать

صبر کردن

ждать

حمل کردن

носить

نشستن

сидеть

لباس پوشیدن

надевать

خوابیدن

спать

بیدار شدن

просыпаться

نگاه کردن

рассматривать

گریه کردن

плакать

ضربه زدن

гладить

شانه کردن

причесывать

صحبت کردن

говорить

فهمیدن

понимать

پرسیدن

спрашивать

گوش دادن

слушать

نوشیدن

пить

خوردن

кушать

مرتب کردن

наводить порядок

عشق ورزیدن

любить

پختن

готовить

راننده گی کردن

ехать

پرواز کردن

летать

روی آب حرکت کردن

ходить под парусом

حساب کردن

считать

خواندن

читать

یاد گرفتن

учиться

کار کردن

работать

ازدواج کردن

вступать в брак

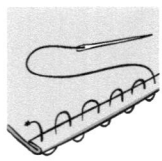

دوختن

шить

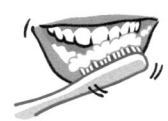

برس کردن دندان ها

чистить зубы

کشتن

убивать

سگریت کشیدن

курить

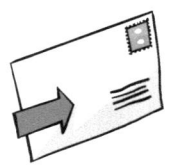

فرستادن

отправлять

مادرکلان
бабушка
پدرکلان
дедушка
پدر
папа
مادر
мама
نوزاد
младенец
دختر
дочь
پسر
сын

مهمان

гость

عمه / خاله

тетя

ماما/کاکا

дядя

برادر

брат

خواهر

сестра

بدن

тело

پیشانی
چشم
глаз
شانه
плечо
انگشت
палец
روی
лицо
زنخ
подбородок
دست
кисть
سینه
грудь
پا
нога
بازو
рука

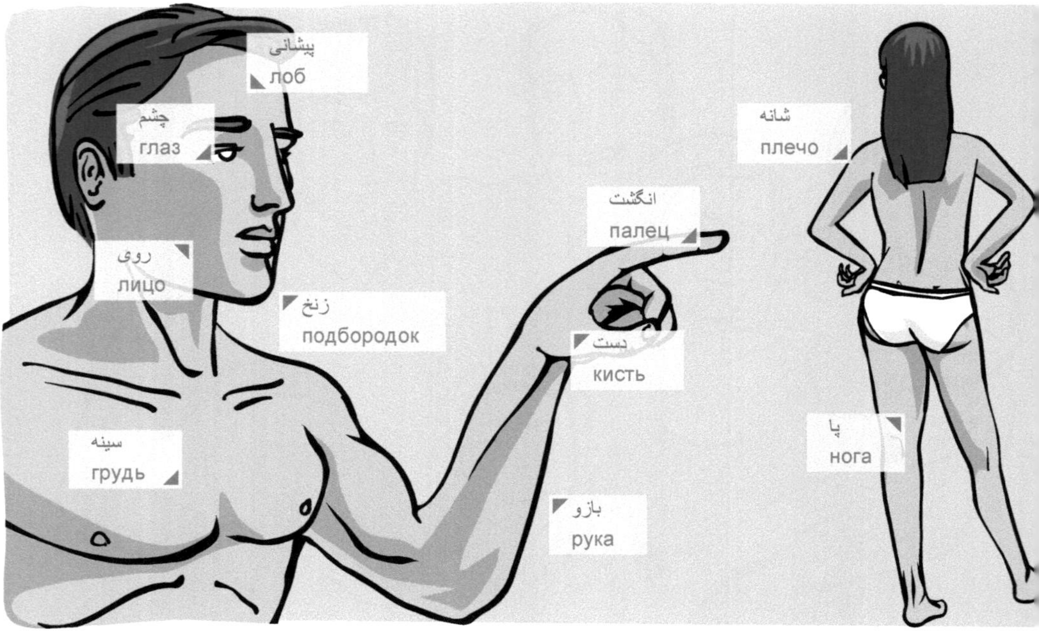

نوزاد

младенец

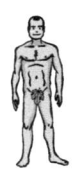

مرد

мужчина

زن

женщина

دختر

девочка

پسر

мальчик

سر

голова

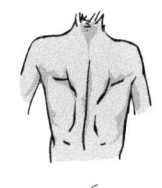

كمر

спина

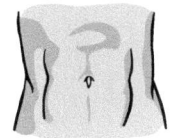

شکم

живот

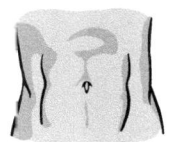

ناف

пупок

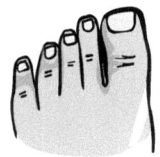

انگشت پا

палец ноги

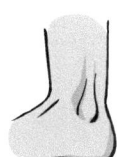

کوری پای

пятка

استخوان

кость

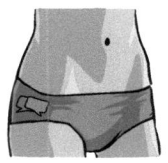

كمر

бедро

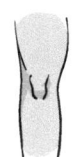

زانو

колено

آرنج

локоть

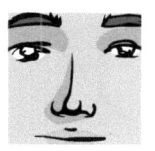

بینی

нос

سرین

ягодицы

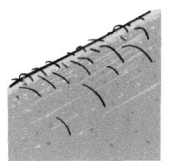

پوست

кожа

كومه

щека

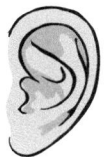

گوش

ухо

لب

губа

دهان

....

рот

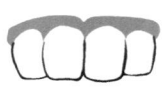

دندان

....

зуб

زبان

....

язык

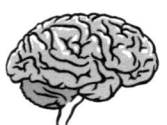

مغز

....

мозг

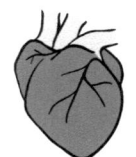

قلب

....

сердце

عضله

....

мышца

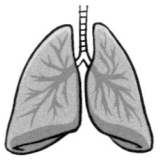

شش

....

лёгкое

جگر

....

печень

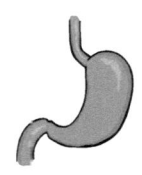

معده

....

желудок

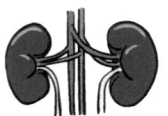

گرده

....

почки

رابطه جنسی

....

половой акт

کاندوم

....

пɔезерватив

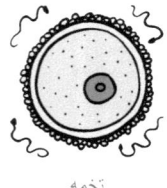

تخمه

....

яйцеклетка

آب منی

....

сперма

حاملگی

....

беременность

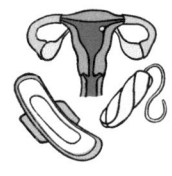

قاعده گی

менструация

مجرای تناسلی زن

вагина

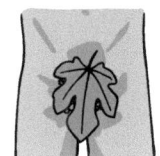

آلت تناسلی مرد

пенис

ابرو

бровь

مو

волосы

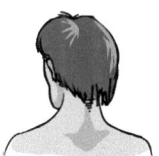

گردن

шея

شفاخانه

больница

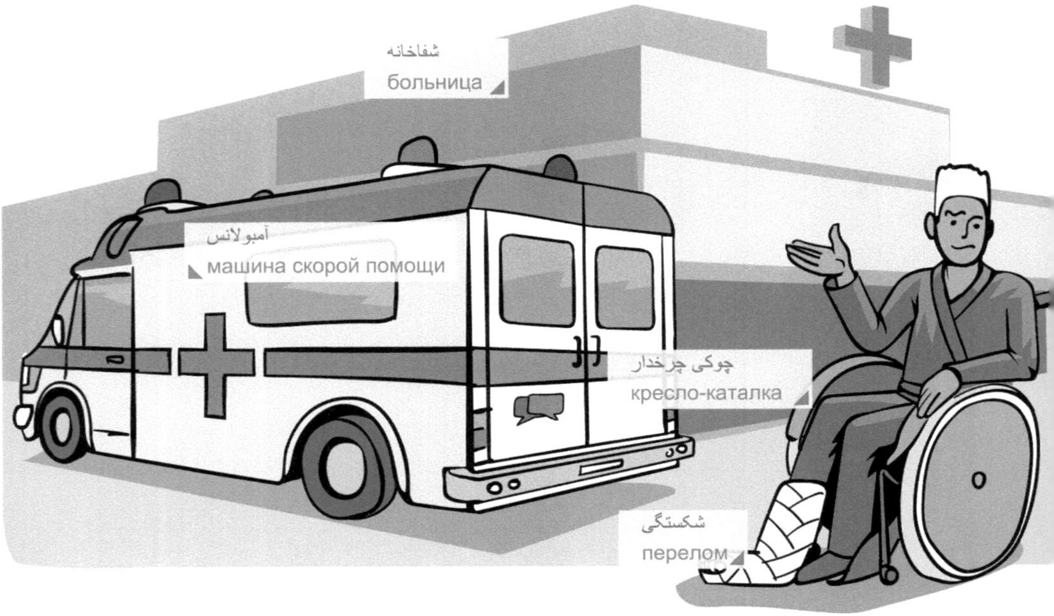

شفاخانه
больница
آمبولانس
машина скорой помощи
چوکی چرخدار
кресло-каталка
شکستگی
перелом

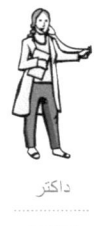

داکتر

врач

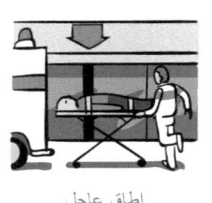

اطاق عاجل

пункт первой помощи

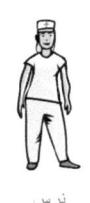

نرس

медсестра

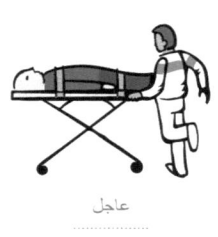

عاجل

неотложный случай

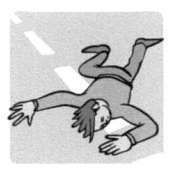

بیهوش

без сознания

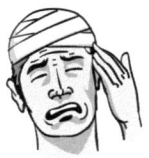

درد

боль

جراحت

повреждение

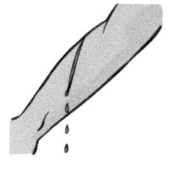

خونریزی

кровотечение

حمله قلبی

инфаркт

سکته مغزی

инсульт

حساسیت

аллергия

سرفه

кашель

تب

овышенная температура

انفلوانزا

грипп

اسهال

понос

سردرد

головная боль

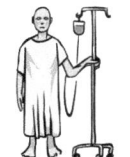

سرطان

рак

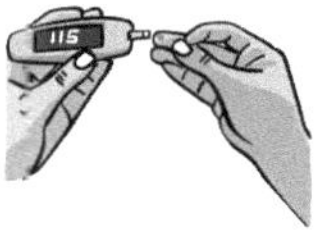

شکر

диабет

جراح

хирург

چاقوی جراحی

скальпель

عملیات

операция

سی تی

КТ

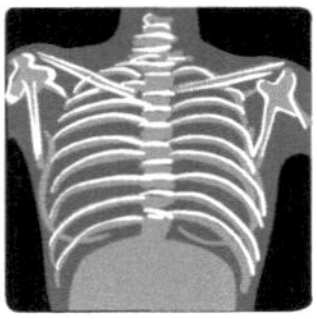

ایکسری

рентген

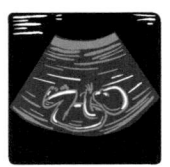

سونوگرافی

ультразвук

ماسک روی

маска

مریضی

болезнь

اطاق انتظار

приёмная

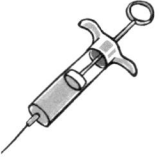

عصا

костыль

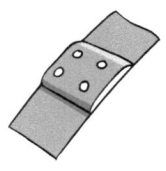

گچ

пластырь

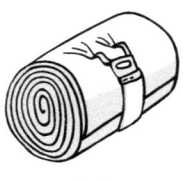

پانسمان

бинт

تزریق

укол

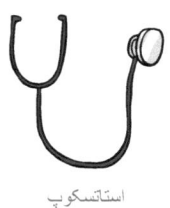

استاتسکوپ

стетоскоп

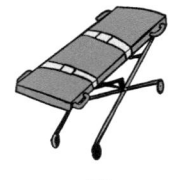

تذکره

носилки

ترمامیتر کلینیکی

термометр

تولد

рождение

اضافه وزن

избыточный вес

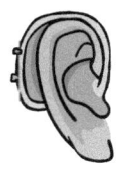

سمعک

слуховой аппарат

ضدعفونی کننده

дезинфекционное
средство

عفونت

инфекция

وایروس

вирус

اچ آی وی / ایدز

ВИЧ / СПИД

ادویه

лекарство

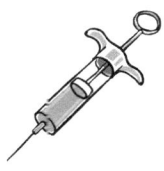

واکسیناسیون

прививка

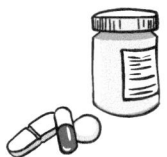

تابلیت ها

таблетки

تابلیت

прстивозачаточная
таблетка

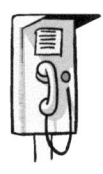

تماس اضطراری

экстренный вызов

مانیتور فشار خون

прибор для измерения
кровяного давления

بیمار / سالم

больной / здоровый

عاجل
неотложный случай

کمک!

Помогите!

زنگ هشدار

сигнал тревоги

تجاوز

нападение

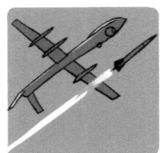

حمله

атака

خطر

опасность

خروج اضطراری

запасной выход

آتش!

Пожар!

آله ضد حریق

огнетушитель

حادثه

несчастный случай

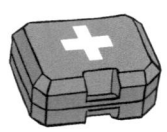

بکسه کمک های اولیه

аптечка

پیام اضطراری

SOS

پولیس

милиция

اروپا

Европа

امریکای شمالی

Северная Америка

امریکای جنوبی

Южная Америка

أفریقا

Африка

آسیا

Азия

استرالیا

Австралия

اقیانوس اطلس

Атлантический океан

اقیانوس آرام

Тихий океан

اقیانوس هند

Индийский океан

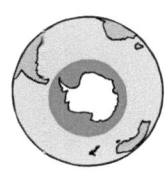

اقیانوس منجمد جوبی

Антарктический океан

اقیانوس منجمد شمالی

Северный Ледовитый океан

قطب شمال

Северный полюс

قطب جنوب

Южный полюс

قاره قطب جنوب

Антарктика

زمین

земля

خشکی

суша

دریا

море

جزیره

остров

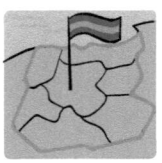

ملت

нация

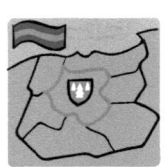

کشور

государство

ساعت

часы

روی ساعت

....

циферблат

عقربه ساعت شمار

....

часовая стрелка

عقربه دقیقه شمار

....

минутная стрелка

عقربه ثانیه شمار

....

секундная стрелка

ساعت چند است؟

....

Который час?

روز

....

день

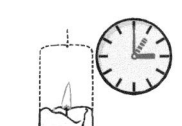

زمان

....

время

اکنون

....

сейчас

ساعت دستی دیجیتل

....

электронные часы

دقیقه

....

минута

ساعت

....

час

هفته

неделя

MO
TU
W
TH
FR
SA

دوشنبه
понедельник

سه شنبه
вторник

چهارشنبه
среда

پنجشنبه
четверг

جمعه
пятница

شنبه
суббота

یکشنبه
воскресенье

TUE
2
MON
1

دیروز
....
вчера

TUE
2

امروز
....
сегодня

TUE
3

فردا
....
завтра

صبح
....
утро

ظهر
....
полдень

غروب
....
вечер

MO TU WE TH FR SA SU
1 2 3 4 5 6 7
8 9 10 11 12 13 14
15 16 17 18 19 20 21
22 23 24 25 26 27 28
29 30 31 1 2 3 4

روزهای کاری
....
рабочие дни

MO TU WE TH FR SA SU
1 2 3 4 5 6 7
8 9 10 11 12 13 14
15 16 17 18 19 20 21
22 23 24 25 26 27 28
29 30 31 1 2 3 4

آخر هفته
....
выходные

باران
◄ дождь

رنگین کمان
◄ радуга

شمال
◄ ветер

برف
◄ снег

بهار
весна

تابستان
лето

خزان
осень

زمستان
зима

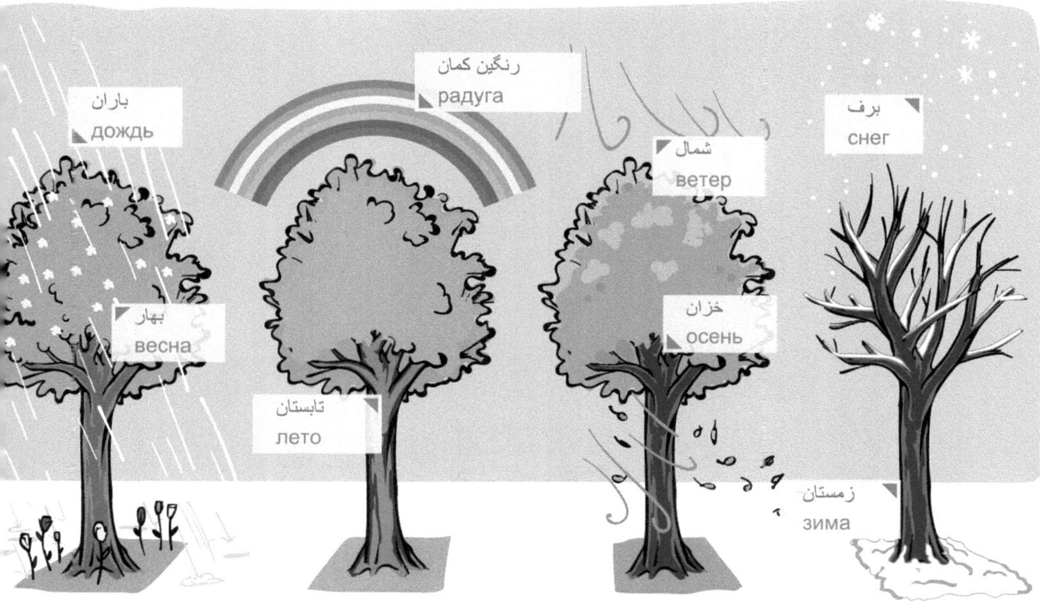

پیش بینی آب و هوا

прогноз погоды

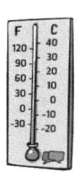

ترمامیتر

термометр

آفتاب

солнечный свет

ابر

туча

غبار

туман

رطوبت

влажность воздуха

رعد و برق

молния

الماسك

гром

طوفان

буря

ژاله

град

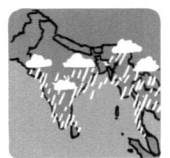

موسم بارندگی

муссон

سيل

наводнение

يخ

лёд

جنورى

январь

فبرورى

февраль

مارچ

март

اپريل

апрель

مى

май

جون

июнь

جولاى

июль

اگست

август

سال - год

سپتمبر

сентябрь

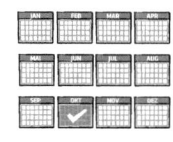

اکتوبر

октябрь

نومبر

ноябрь

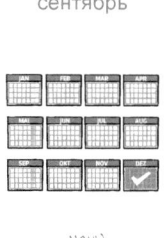

دسمبر

декабрь

شکل ها

формы

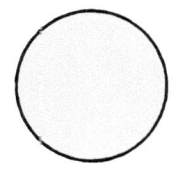

دایره

круг

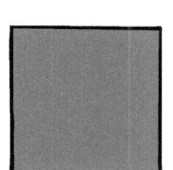

مربع

квадрат

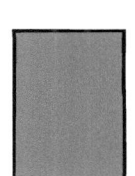

مستطیل

прямоугольник

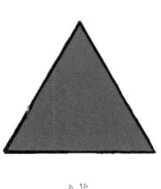

مثلث

треугольник

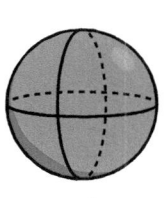

کره

шар

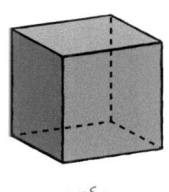

مکعب

куб

رنگ ها

цвета

سفید
....
белый

زرد
....
желтый

نارنجی
....
оранжевый

گلابی
....
розовый

سرخ
....
красный

بنفش
....
лиловый

آبی
....
синий

سبز
....
зелёный

نصواری/قهوه یی
....
коричневый

خاکستری
....
серый

سیاه
....
черный

زیاد / کم

много / мало

عصبانی / آرام

яростный / мирный

مقبول / بدرنگ

красивый / уродливый

آغاز / پایان

начало / конец

بزرگ / کوچک

большой / маленький

روشن / تیره

светлый / темный

برادر / خواهر

брат / сестра

پاک / کثیف

чистый / грязный

کامل / ناقص

полный / неполный

روز / شب

день / ночь

مرده / زنده

мёртвый / живой

عریض / باریک

широкий / узкий

خوراکی / غیر خوراکی

съедобный / несъедобный

عصبانی / دوستانه

злой / дружелюбный

هیجان زده / کسل

взволнованный /
скучающий

چاق / لاغر

толстый / худой

اول / آخر

сначала / в конце

دوست / دشمن

друг / враг

پر / خالی

полный / пустой

سخت / نرم

твёрдый / мягкий

سنگین / سبک

тяжёлый / легкий

گرسنگی / تشنگی

голод / жажда

بیمار / سالم

больной / здоровый

غیر قانونی / قانونی

незаконный / законный

باهوش / احمق

умный / глупый

چپ / راست

слева / справа

نزدیک / دور

близко / далеко

نو / کهنه
....
новый / подержанный

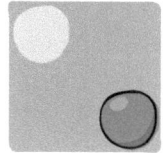

هیچ چیز / چیزی
....
ничто / нечто

پیر / جوان
....
старый / молодой

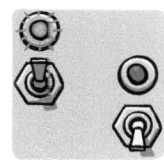

روشن / خاموش
....
зключено / выключено

باز / بسته
....
открыто / закрыто

بی صدا / پر سر و صدا
....
тихо / громко

ثروتمند / فقیر
....
богатый / бедный

صحیح / غلط
....
правильный / неправильный

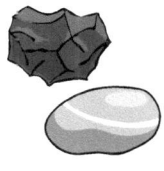

ناهموار / هموار
....
шероховатый / гладкий

غمگین / خوشحال
....
ечальный / счастливый

کوتاه / بلند
....
короткий / длинный

آهسته / سریع
....
медленный / быстрый

تر / خشک
....
мокрый / сухой

گرم / سرد
....
тёплый / прохладный

جنگ / صلح
....
война / мир

اعداد

цифры

0

صفر

ноль

1

یک

один

2

دو

два

3

سه

три

4

چهار

четыре

5

پنج

пять

6

شش

шесть

7

هفت

семь

8

هشت

восемь

9

نه

девять

10

ده

десять

11

یازده

одиннадцать

12
دوازده

двенадцать

13
سیزده

тринадцать

14
چهارده

четырнадцать

15
پانزده

пятнадцать

16
شانزده

шестнадцать

17
هفده

семнадцать

18
هجده

вссемнадцать

19
نوزده

девятнадцать

20
بیست

двадцать

100
صد

сто

1.000
هزار

тысяча

1.000.000
میلیون

миллион

زبان ها

ЯЗЫКИ

انگلیسی

английский

انگلیسی امریکایی

американский английский

چینی ماندارین

мандаринский китайский

هندی

хинди

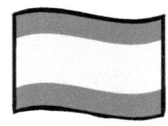

اسپانیایی

испанский

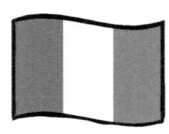

فرانسوی

французский

عربی

арабский

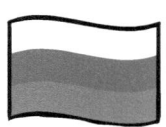

روسی

русский

پرتغالی

португальский

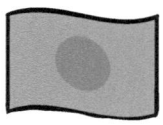

بنگالی

бенгальский

آلمانی

немецкий

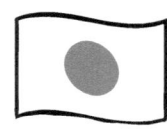

جاپانی

японский

کی/چی/چطور
кто / что / как

من

я

شما

ты

او / او / آن

он / она / оно

ما

мы

شما

вы

آن ها

они

کی؟

кто?

چی؟

что?

چطور؟

как?

کجا؟

где?

چه وقت؟

когда?

اسم

имя

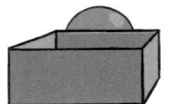

کجا

где

عقب

за

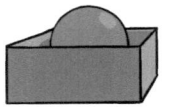

در

в

پیش روی

перед

بالا

над

روی

на

زیر

под

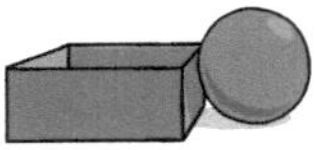

پهلو

рядом

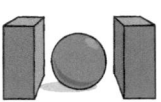

میان

между

محل

место